Cornelia Egg-Möwes
#abendsegen

Cornelia Egg-Möwes

#abendsegen

Gesegnet schläft sich's besser

Inhalt

Noch einmal anders	7
Weil sich Digitales und Analoges ergänzen	9
#gesegnet	13
#Danke	25
#genug	43
#jetzt	65
#Kalender	85
#erschöpft	113
#krank	131
#Gewalt	145
#Zweifel	163
#Trost	181
Weil Segen weiterreicht	205

Noch einmal anders

Wir wohnen nicht nur in Wohnungen, wir wohnen auch in Apps. Unsere Leben teilen wir nicht nur an Küchentischen, sondern auch auf Instagram, Twitter, Facebook, TikTok. Wir hören einander auf WhatsApp zu. Wir lernen, arbeiten, konsumieren, organisieren, streiten und verlieben uns auch im digitalen Raum.

Das Internet ist ein Teil unseres Lebens. Und wo Menschen leben, da brauchen sie Segen. Sie brauchen gute Worte, Empowerment, Trost, Liebe. Sie brauchen geistesgegenwärtige Andere – welche, die ein Gefühl dafür haben, was jetzt für viele dran ist an diesem einen Abend.

Cornelia Egg-Möwes ist so eine geistesgegenwärtige Andere. Hinein in ein Gewimmel von Tweets, Posts, Bildern, Stimmen schreibt-spricht-spendet sie Gottes Segen, Gottes Ja zu mir, zu dir, zu diesem Planeten. Unzähligen tut das gut. Es hilft ihnen, zu glauben, zu vertrauen, einzuschlafen.

Jetzt treten diese Segenstweets aus dem Gewimmel heraus und stehen auf Papier in diesem Buch. Sie werden noch einmal anders zu uns sprechen. Vielleicht stiller. Vielleicht länger und langsamer. Mit der Ruhe, nach der sich viele sehnen. Auch ich. Sie werden gelesen, vorgelesen und mitgenommen zu nächtlichen Orten. Sie werden gut tun. Da bin ich sicher.

Birgit Mattausch

Weil sich Digitales und Analoges ergänzen

Abends sitze ich am Bett meiner Zwillinge und segne sie mit einem kleinen Kreuz auf der Stirn. Da streckt mir die dreijährige Tochter ihre kleine Hand entgegen: „Du auch!" und zeichnet mir mit ihren Fingerchen ein Kreuz auf die Stirn. Zum Segnen braucht es kein Amt oder bestimmtes Alter.

Ein Segen am Abend beschließt auch einen Tag, der sich so gar nicht gesegnet angefühlt haben mag. Er zeigt dir, dass dein Wert nicht an Leistung und Gelingen hängt, sondern allein an der Gnade und Liebe von Gott, weitergegeben durch uns Menschen.

Der #Abendsegen ist ein auf Twitter gewachsenes Ritual zur Nacht. Bis spätestens 21 Uhr findet man fast täglich unter @connylisa einen Segen zur Nacht. Für mich ist es ein Ritual, die Segen zu verfassen, für meine Follower*innen ist es der ersehnte Ruhepunkt am Ende eines langen Tages.

Leser*innen fragten immer wieder einmal nach, wann eine Sammlung der digitalen Segenstexte als Buch erscheint. Sie würden sie gerne in Händen halten, nochmals nachlesen, die Texte am Abend nicht nur als Screenshot an liebe Menschen weiterleiten, sondern ih-

nen in Buchform schenken. Und dann werde ich oft gefragt, wie so ein #Abendsegen entsteht. Vielleicht helfen die für mich typischen Schritte, um ein eigenes Abendritual zu finden, in das die Segen integriert werden oder sogar neue und eigene Texte entstehen können.
Äußere Ruhe suchen – Türe hinter sich zumachen.
Innere Ruhe suchen – Unruhe eingestehen – Tag Revue passieren lassen.
Dank, Klage & Fragen vor Gott benennen.
Sich unter dem Segen bergen – ein gutes Wort wirken lassen – eigene Worte notieren.

Dieses Buch wäre nicht denkbar ohne die Leser*innen, die täglich auf #Abendsegen-Texte reagieren. Deshalb folgen auch den analogen Texten hier einzelne Reaktionen, wie sie auf Social Media geschrieben wurden. Die originale Schreibweise wurde hier bewusst erhalten, um den lebendigen Austausch trotz später Stunde und Müdigkeit zu dokumentieren. Diese Kommentare erzählen von der Gemeinschaft, die digital unter dem Segen Gottes möglich ist.

Euch, der #Abendsegen-Gemeinde, ist dieses Buch gewidmet.

„Zum gesegneten Gebrauch" hieß es bei mir zu Hause beim Weitergeben von Dingen, in denen Herzblut steckt. In diesem Sinne: Be blessed.

#gesegnet

Licht auf meinem Weg
(Psalm 119,105)

> Da trifft ja alles zu, Danke.
> Ich versuche, das anzunehmen!

Segen ist wie eine Liebeserklärung.
Die meint dich ganz und gar,
mit allen Höhen und Tiefen und Abgründen.
Und sie verleiht dir etwas
jenseits deines Begreifens.
Unfassbar, aber tragfähig.
Damit du gut durch diese Nacht
und alle Nächte deines Lebens kommst.
Sei gesegnet!

Manchmal wie Jakob ringen. Und hinken.
Aber nicht ohne Segen weitergehen.
Seid behütet heute Nacht,
auf eurem Weg
und in allem, was kommt.

> Ganz lieben Dank. Wie gut
> das mir gerade jetzt tut!

> Gerne gelesen und danke dafür.

„Hast du für mich denn
keinen Segen mehr übrig?"
fragt Esau seinen Vater
und klagt und weint.
(nach 1. Mose 27)

Für alle, denen es so geht.
Für die, die fragen,
aber keine Antwort erhalten.
Für die, die immer wieder
den Kürzeren ziehen,
obwohl sie sich so sehr wünschen,
gesehen zu werden.

Manchmal reicht
ein bisschen nicht.
Gib Segen in Fülle.
Leere Hände
streck ich dir entgegen.
Sei mein Brot,
wenn die Seele hungert.

> Wieder einmal aus tiefem Herzen danke! wir kennen uns zwar nicht, aber Deine Worte treffen mich mitten ins Herz. Vielen Dank dafür.

Segen sagt nicht:
Für dich nicht!
Segen sagt: Liebe!
Und dann sei, wer du bist.
#LGBTQ

> Ihr Segen hilft mir Tag für Tag und bedeutet mir sehr viel.

Genau das.

Wenn die
Dünnhäutigkeit zunimmt,
leg deine Hand
sanft auf mich, Gott.

Lass mich deine
Zärtlichkeit spüren.

Und wenn ich deine Nähe
nicht ertrage,
bleib auf Hörweite
mit deinem Erbarmen.

Segen für dich, die du müde bist
Segen für dich in dieser Nacht
Segen, der dich hält, wenn dein Leben wankt
Segen, der dir zeigt, wie nah die Ewige ist
Segen, der dir Frieden gibt und Tränen trocknet
Segen für dich

> Es bedeutet mir gerade heute sehr viel zu wissen, dass du mich in Gedanken mitnimmst.

> Danke. Brauch ich heute nötiger als alles…

Abendsegen.
Weil der wie eine Umarmung zur Nacht ist.
Ein „ruh dich aus vom Tag,
ich pass auf dich auf".
Eine Hand, in die ich
mein Suchen und Sorgen lege.
Dein ist der Tag.
Dein die Nacht.
Dein wir alle.

Gute Nacht!
Und legt, was euch belastet
nicht einfach sanft vor Gott,
so als dürftet ihr ihn nicht damit belästigen.
Wer sich Vater nennen lässt,
weiß, dass es auch mal krachen muss.

> Tag für Tag warte ich auf deinen Segen. Tut so gut. Schicke ihn auch meiner liebsten Freundin.

#Danke

Deine Gnade reicht bis zum Himmel

(Psalm 36,6)

> Wie kann dein Abendsegen bloß so genau zu meiner Situation passen? Danke

dass mein kleiner Glaube reicht
dass meine unstete Liebe etwas verändert
dass meine leise Hoffnung
den Regenbogen sieht
dass das Leben aufgehoben bleibt
in deinen Händen
dass du Tränen trocknen wirst
dass du da bist heute Nacht und morgen
dafür danke ich dir

Dein Herz hat heute 50.000 Mal geschlagen.
Dein Atem ging stündlich 700 Mal ein und aus.
Deine Augen haben 10.000 Mal geblinzelt.
Deine to-do-Liste liegt noch am Abend da.
Ein Tag deines Lebens geht zu Ende.
Einer schaut dich liebevoll an.

> Wie schaffst du das nur.
> Der Segen passt so gut.
> Jeden Abend sitze ich und
> weine, weil deine Worte so
> wahr und passend sind.

Wenn der Tag geht und die Nacht kommt,
denk noch einmal an das, was schön war,
und an das, was neu aufblüht.
Leg ab, was schwer fiel und das, was dir stinkt!
Wenn deine Hände leer sind,
halte sie dem Segen hin.
Er lege sich sanft hinein
und beruhige deine Seele.

> Ja. Das Denken an das was schön war, ist besonders wichtig. Finde ich. Danke Dir fürs Erinnern daran

Danke. Es scheint, als hättest Du diesen Abendsegen speziell für mich gesprochen.

Gesegnet sei dein Leben,
dieses eine kostbare, einzigartige.
Nichts soll dich entmutigen. Stark bist du.
Dein Weg zeigt es allen, was du überlebt hast.
Gesegnet sei dein Leben heute Nacht.
Ein Engel soll dich freundlich begleiten
durch den morgigen Tag.

> Schwere Kost für mich.
> Trotzdem vielen Dank!
> Ich genieße #Abendsegen

💬

allen, die Freude am Leben haben,
die tanzen und feiern
allen, die sich mitfreuen,
die das Leben feiern und mittanzen
allen, die jungen Menschen etwas zutrauen,
sie fördern und ihnen ihre Gaben gönnen
allen, die solches wertschätzen
euch allen Dank und Segen

Dein ist der Tag, dein ist die Nacht.
Dein sind wir, gesund oder krank,
zuversichtlich oder bitter,
dankbar und flehend.
Dein sind wir in dieser Nacht.
Und in allen Nächten.

> Ich bin jedesmal mit Dankbarkeit geflutet beim Lesen dieser wunderschönen Segen. Dankbarkeit deswegen, weil diese Segen mich daran erinnern, dass es mir gut geht. Das war mal anders. Und daran denke ich dann, wenn ich Ihre Worte lese.

> Danke schön für die tägliche Umarmung Gottes, so einfühlsam in Worte gefasst!

Segen euch allen,
die ihr das Leben liebt,
Schönes genießt,
Sonne und Regen auf der Haut spürt
und eure Mitgeschöpfe schont.

Segen euch allen, die ihr an diesem Leben leidet,
es gibt so viele Gründe dafür,
ihr habt euch das nicht ausgesucht.
Bleibt behütet am Ende dieses Tages.

Dieser Tag geht, die Nacht kommt.
Bleibt behütet,
wo immer ihr auf eurem Weg seid.
Seid gesegnet, wen auch immer ihr liebt.
Bleibt stolz auf das, was ihr heute geschafft habt.
Seid willkommen im Land der Freiheit.
Lasst uns Grenzen überwinden.
#OutInChurch

> Danke! Von Herzen, vorsichtig lächelnd, ausatmend, erschöpft, sehr verzagt, liebevoll grüßend

Da war Schönes. Dafür danke ich dir.
Da war Grottiges. Ich lege es vor dich.
Alles, was diesen Tag ausgemacht hat.
Was mir hilft, zur Ruhe zu kommen.
Ich nenne es dir.
Sei da mit deinem Segen, Gott.
Berühre meine Seele.
Gib mir Heimat in unwirtlicher Zeit.

> War tatsächlich zu viel heute. Herzlichen Dank

> Danke, tat richtig gut.

Segen, dass du ehrlich zu dir sein kannst
Segen, dass du das Schöne von heute erinnerst
Segen, dass die Last dich nicht erdrückt
Segen, dass du Nein sagen kannst
Segen, dass du sehnsüchtig bleibst
Segen, dass du zur Ruhe kommst
Segen zur Nacht für dich

> Danke der Segen
> passt heute so gut

Wofür du heute gekämpft hast,
wovon du singen willst,
was dir Kraft gibt auch in Zerbrechlichkeit,
was dich warm und geborgen hält,
was dich schön sein lässt,
was dir Frieden gibt,
das erhalte die Ewige dir
und lege Segen darauf.

Wenn der Tag in die Nacht übergeht,
lege ich weg, was mir Mühe gemacht hat,
atme die Stille
und freue mich am warmen Licht,
schaue bis zum Horizont,
lasse den Weg gut sein und lege mich,
mit allem, was ich vor dir, Gott, sein darf
in deinen Frieden.

> Ich weiß nicht warum, aber dein Segen trägt gerade über das Hadern mit Gott hinaus. Danke.

> Danke für den Segen
> (atmet lang aus)

Seh ich auch nicht,
wohin der Weg führt,
weiß nicht, was auf mich zukommt,
fühl mich unsicher,
was die nächste Zeit betrifft –
du, Gott, lässt es wachsen
an meinem Weg entlang,
von dir kommen
die Farben in meinem Leben,
gibst Zeichen dafür,
dass du mitgehst.
Auch morgen.

Dankbar bin ich am Ende dieses Tages,
weil mir nichts übermäßig weh tut,
weil ich zur Ruhe komme,
weil ich ein Bett zum Schlafen
und ein Dach über dem Kopf habe,
weil ich auf ein Morgen hoffe,
weil du heute Nacht niemanden allein lässt.

> Vielen Dank für diesen Segen. Heute trifft er wieder mal genau und macht mir wieder ein bisschen Mut.

Wenn es um mich herum ruhiger wird,
öffnen sich meine Ohren für dich, Gott.
Mein Herz sucht deine Nähe.
Mein Verstand wird demütig.
Meine Augen blicken tiefer.
Mit allen Sinnen erbitte ich deinen Frieden.
Mein Glaube ertastet, was möglich wird.
Deine Liebe schmeckt köstlich.

> Vielen Dank für Deinen Segen. Und den Trost, den er in sich trägt.

> Tief berührend. Danke.

Der Tag geht, die Nacht kommt.
Du bist da, bist ganz Ohr für mich.
Ich lege vor dich,
was mir sonst auf dem Herzen liegen bliebe.
Es wird leichter, ich werde ruhiger.
Du bist da, bist mein Friede.
Die Nacht kommt.
Du wachst.

#genug

Ich danke dir,
dass ich wunderbar gemacht bin
(Psalm 139,14)

> 💬
>
> Für die, die heute geweint haben.
> Für die, die kurz ihre Nerven verloren haben.
> Für die, die wieder bis in die Nacht grübeln.
> Für die, die gerne stark wären.
> Für die, die schwach genauso liebenswert sind.
> Für die, die jetzt Segen brauchen.

Religion hin oder her, der Segen trifft gerade ins Schwarze und hat mich zum Weinen gebracht.

> Danke, das passt heute Abend ziemlich gut

„Durch Gottes Gnade bin ich,
was ich bin."
(1. Korinther 15,10)

Danke, Paulus, einer deiner stärksten Sätze!
Egal woher du kommst und was du heute
schaffen kannst –
sei, die du bist.
Du bist gesegnet.

> Amen. Das wärmt
> ein bisschen.

Was immer dein Thema ist,
was immer dir bevorsteht,
was immer du mit dir trägst,
woran immer du gescheitert bist,
worin immer du die Queen bist,
was immer dich schlaflos macht,
heute Abend sei gesegnet
und bleib behütet, was immer morgen kommt.

Sei gesegnet, denn das Leben fordert viel.
Sei gesegnet, auch wenn du meinst, es reicht nicht, was du tust.
Sei gesegnet, du genügst.

> Danke! Sehr passend an einem Tag der wieder geprägt war von „nicht genug" – viel zu oft mein Urteil über mich und mein Tun.

> Danke für diese tägliche Umarmung Gottes!

💬

Für die, denen es nicht gut geht,
die sich wertlos fühlen,
die überfordert sind,
die gerade scheitern,
die am Boden liegen ohne Kraft zum Aufstehen,
die nicht sehen können, was sie schon geschafft haben.
Schick deinen Engel, Gott.
Heute Nacht.
Zögere nicht.

Sei gesegnet, du hast genug gegeben.
Trotzdem zweifelst du an dir und deinem Tun.
Sei gesegnet, ein liebevoller Blick ruht auf dir.
Sei gesegnet mit Schlaf und Ruhe.
Frieden für dich.

> Ich weiss nicht wie Du das machst, aber ich fühle mich durch Deinen Segen gesehen und getröstet.

> Wie für mich geschrieben.
> Vielen lieben Dank für den
> täglichen Abendsegen.
> Er ist mir kostbar.

Segen heißt auch:
Du brauchst nicht immer stark sein.
Die Hände, die dich segnen,
breiten ihre Arme für dich aus.
Da erzählt einer, wie er das erfahren hat:
Von allen Seiten umgibt dich Gott
und hält seine Hand über dir.
Und du erkennst,
wie wunderbar er dich gemacht hat.
(mit Anlehnungen an Psalm 139)

Mögest du Ruhe finden nach diesem Tag.
Möge dir Zufriedenheit geben,
was du heute geschafft hast.
Möge dein eigener Anspruch
barmherzig mit dir sein.
Möge die Nacht dir Frieden bringen
und Gott dich behüten.

> Deine Segenswünsche sind wie ein schönes Abendgebet, das du für mich maßgeschneidert hast.

Sei gesegnet,
wenn du es anderen
mal nicht recht machen willst.
Weil du am Ende du selber bleibst.
Wenn du nichts tust, um geliebt zu werden.
Wenn du erlebst, wie schwer das ist.
Und es trotzdem versuchst.
Für dich.

> Und jetzt sitze ich hier und heule, weil irgendwie heute alles auf mich zutrifft. Danke für diese tollen Worte...

> Das passt genau zu meiner Situation.

Der Segen, dass du genügst,
komme über dich.
Der Segen, dass du Fehler machen darfst,
wohne in dir.
Der Segen, dass du lieben darfst, wen du willst,
mache dich froh.
Der Segen, dass du behütet sein wirst,
bleibe auf dir.

> Jetzt kann ich schlafen gehen…danke

Für die, die müde sind.
Und denen bange ist.
Für die, denen heute nicht gelungen ist,
was dran war.
Für die, die lieblos behandelt wurden
und die verletzt sind.
Die ihre Tränen herunterschlucken. Und deren
Schmerz nach innen geht.
Für die, die Segen brauchen.

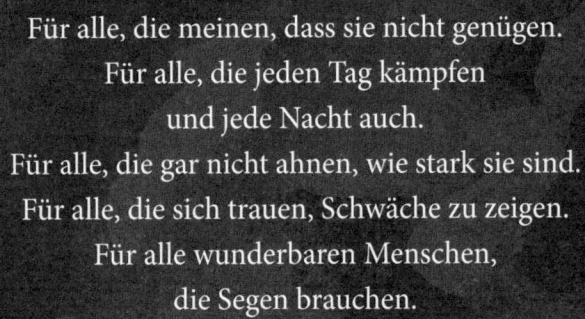

Für alle, die meinen, dass sie nicht genügen.
Für alle, die jeden Tag kämpfen
und jede Nacht auch.
Für alle, die gar nicht ahnen, wie stark sie sind.
Für alle, die sich trauen, Schwäche zu zeigen.
Für alle wunderbaren Menschen,
die Segen brauchen.

> Hab ich dir eigentlich schon mal gesagt, wie sehr ich deine Abendsegen liebe? Die passen so häufig zu dem, was der Tag mir so geschenkt hat, oder eben gerade auch nicht geschenkt. Danke dir sehr

Segen für dich in dieser Nacht.
Segen für dich, auch wenn du
heute gescheitert bist.
Segen für dich, gerade wenn du
in diesen Stunden weinst.
Segen für dich
und Frieden.

> Von Herzen vielen Dank für deinen schönen Segen! Ich freue mich täglich darüber, es trifft fast immer mitten ins Herz. Seitdem ich dich lese, wurde mir wieder bewusst(er), dass auch ich gesegnet bin... Danke dafür!

> Passt gerade.
> Sois bénie.

Du spürst die Grenzen deiner Kraft,
deiner Geduld, des Lebens.
Du fragst
und die Antworten trösten nicht.
Du suchst,
aber was du brauchst ist nicht dabei.
Dass es mir ähnlich geht,
heilt nichts,
aber du und ich,
wir sehen uns aus der Ferne,
heben die Hand
und segnen uns.

Wie danke ich dir, dass ich dazu stehen darf,
Grenzen zu haben:
Grenzen des Glaubens,
Grenzen der Geduld,
Grenzen der Belastbarkeit,
Grenzen des Könnens,
Grenzen der Liebe.
Wie danke ich dir,
dass ich traurig sein darf
und müde.

> ...,das holt mich wieder mal
> so ab und gibt mir so viel!

> So gesegnet heute, danke

Wenn es etwas gibt, dann das:
Dass ich müde sein darf,
rat- und hilflos,
schwach,
mich nicht verstecken brauche
mit meiner Klage.
Wenn es etwas gibt, dann:
dass es andere gibt,
die verstehen und mitfühlen,
die nicht viele Worte brauchen.
In dieser Zeit gibt es Licht.

Das könnte ich heute wahrlich gut gebrauchen...

Es ist ok,
wenn du deine Grenzen spürst
und dich hilflos fühlst,
wenn du an dir zweifelst
und mit deiner Situation haderst.
Es ist schmerzlich,
wenn du meinst,
das interessiere keinen.
Es ist Zeit,
dass du erfährst:
du bist gewollt
und wertvoll,
gesegnet und begleitet.

Gott, es tut gut, ehrlich zu mir selber zu sein,
in mich reinzuhören und mir nichts
vorzumachen.
Manchmal tut es weh, was ich da entdecke,
was ich tief in mir verborgen halte.
Aber vor dir kann ich darüber Tränen vergießen
oder auch lachen.
Ja, lachen mit dir
befreit.

> Deine Segensworte treffen
> so oft meinen Tag.

Der Tag geht in die Nacht über
und ich werde still.
Denk an das, was heute war.
Geschenkte Stunden,
erfüllt oder vertan,
manches geglückt, manches enttäuscht.
Gut, dass nicht Menschen darüber entscheiden,
ob mein Leben gelingt.
Sei du mein Segen,
mein Ziel, meine Hoffnung.

> Ich freue mich jeden Abend
> auf diese guten Worte.

#jetzt

**Zuflucht finden unter
dem Schatten deiner Flügel**
(Psalm 36,8)

> Danke, die Worte abends zu lesen tut so gut. Sei behütet.

Was auch immer heute war – Segen zu dir.
Was auch immer liegen blieb – Segen zu dir.
Wie auch immer andere
über dich urteilen – Segen zu dir.
Wie klein deine Zuversicht
auch sein mag – Segen zu dir.
Wen auch immer du liebst – Segen zu dir.

für euch, so wie ihr heute da seid,
gerade wenn der Tag mäßig war,
die Nacht möge euch sanft aufnehmen,
eure Last erträglich werden
und Segen eure Seele wärmen

> Danke. Ich hoffe, es ist okay, wenn ich deinen Abendsegen öfter mal in meinen WhatsApp-status kopiere?

> Unfassbar wie passend dieser Abendsegen wieder ist.

für dich, die du heute glücklich bist,
so richtig trotzdem
für dich, die du nicht so recht weißt,
ob's dir ok geht
für dich, die du den Tag
lieber schnell abhaken willst
für dich, egal, wie viele Tränen heute tropften
für dich, weil du segenswert bist
für dich, jetzt

Wenn du deine Kraft gerade nur fürs
Durchhalten brauchst,
wenn dich der Umgangston deiner
Mitmenschen frustriert,
wenn du schon lange nicht mehr getanzt hast,
wenn du heute das Versprechen brauchst:
dir gilt der Segen,
gerade dir.

> Danke - mal wieder sehr von
> Herzen! Der Segen heute
> hat mich sehr berührt.

Es ist ok, wenn du ungeduldig bist.
Es ist ok, wenn du dich müde fühlst.
Es ist Mist, wenn du krank bist.
Es ist ok, wenn du lieber allein bist.
Es ist ok, wenn dir vieles über den Kopf wächst.
Es ist wunderbar, dass es dich gibt.
Du bist gesegnet.
So wie du da bist.

> Daaanke. Geht mitten ins verschnupfte Herz.

> Wunderschön,
> danke und Amen.

Wenn du froh bist,
dass dieser Tag zu Ende geht,
sei noch versichert:
es ist gut, dass es dich gibt.
Ein Engel der Nacht
gebe jetzt auf dich Acht,
dass du behütet und
getröstet schlafen kannst.

Segen zu deinem Tag,
er war ein kleiner Teil deines Lebens.
Segen zu deinen Gedanken,
sie müssen nicht immer heilig sein.
Segen zu deinem Tun, es darf unfertig bleiben.
Segen zu deiner Ratlosigkeit, die Welt braucht
Menschen, die sie sich eingestehen.
Segen zu dir.

> Ich liebe deinen Abend-
> segen ....dabei komme
> ich zur Ruhe

> Danke, es trifft so oft direkt in meine Seele.

💬

Gesegnet sei der Moment jetzt
und du, wie du da bist.
Gesegnet sei dein Atmen,
das Kommen und Gehen in deinem Leben.
Gesegnet sei die Träne,
die über dein Gesicht huscht,
sie enthält deine ganze Liebe.
Gesegnet sei dein Schlaf, dass er dir wohl tut
und Frieden bringt.

🗨

für euch, die ihr
heute einen schwierigen Termin hattet,
dass euch die Last jetzt am Abend leichter wird,
dass ihr zur Ruhe kommt,
dass die Gedanken aus dem Karussell aussteigen
und erholsamer Schlaf euch liebkost

> Danke! So hilfreich und bergend! Wie die Segensworte vorgestern und gestern, die mich durch die Ängste der OP getragen haben.

> Danke für diesen wunderschönen Lebenszuspruch

Der Tag geht in die Nacht über.
Für viele sind aber Sorgen und Tränen nicht vorbei.
Die Dunkelheit deckt manches zu.
Für viele bleiben die Wunden aber schmerzhaft.
Segne, Gott, und behüte sie
und schick deinen Engel zu denen,
die sich verlieren in diesen Nachtstunden.

> **Tief berührt
> sage ich Danke**

Für die, die heute Kopfweh haben.
Für die, die sich fragen, wohin das alles führt.
Für die, die nicht schlafen werden.
Für die, die so gerne lachen.
Für die, die morgen auf große Tour gehen.
Für die, die Abschied nehmen.
Für die, die Segen brauchen.

🗨

Für die, die das lesen.
Für die, die staunen.
Für die, die mit Gott und der Welt hadern.
Für die, die ihre Tränen selber abwischen.
Für die, denen Halt fehlt.
Und eine Schulter zum Anlehnen.
Und ein gutes Wort.
Für die, die Segen brauchen.

> Vielen Dank, ich lese oft hier, weil es gut tut.

> Oh, dieser Segen ist besonders schön. Ich nehme ihn gerne. Brauche ihn auch heute

Wenn der Tag in die Nacht übergeht,
sei behütet vor Frust über das,
was heute misslungen ist.
Sei umsorgt von Frieden,
der dich ruhig werden lässt,
für manche warst du heute wichtig.
Bleib gehalten von Segen, der dich meint,
mit allem, was dich jetzt und hier ausmacht.

Sei gesegnet, nach allem,
was du heute durchgestanden hast.
Bleib behütet in allem, was kommt,
und dass die Nacht gnädig sei.

> Gerade nach einem langen und anstrengenden Arbeitstag im OP heimgekommen, zuletzt noch ein schwieriges Patientengespräch geführt.... Dann lese ich Deinen Segen, forme meine Hände zu einer Schale, um den Segen zu empfangen, atme tief durch - und fühle wie mir leichter ums Herz wird. Vielen Dank dafür

Segen umgebe dich,
wenn du nach einem langen Tag
vor Müdigkeit frierst.
Segen berühre deine Seele,
wie sehr du auch
am Zustand dieser Welt zweifelst.
Segen gebe dir Frieden ins Herz.
Sei behütet heute Nacht.

> Danke für diese, immer wieder wunderschönen, Gedanken. Machen mein Herz ganz warm.

> Danke schön. Ich brauche
> diese Umarmungen Gottes.

💬

Wenn der Tag in die Nacht übergeht,
segne, Gott, denen dieser Tag zu viel war,
deren Hilferuf wir überhört haben,
die sonst durch alle Netze fallen,
weil das Dunkel ihr Herz umklammert.
Segne verschwenderisch.
Und decke uns mit Liebe zu.

Dunkel senkt sich über den Tag.
Was gut war und gelingen durfte:
genieße es.
Wenn etwas schmerzhaft war und zerbrach:
sei umarmt.
So lege sich Gottes Segen auf dich.
Sei behütet in dieser Nacht
und in allem, was kommt.

> Den hab ich grad mehr gebraucht, als ich dachte.

> Danke dafür. Es hilft.

Nur für heute will ich versuchen, meine
Müdigkeit anzunehmen,
das Gedankenkarussell ohne mich fahren zu
lassen,
die Unruhe sanft zu streicheln,
meine Sorgen gut sein zu lassen.
Nur für heute will ich
meine Zeit dir in die Hände legen
und erahnen, dass du jetzt da bist.

#Kalender

Und wir fliegen dahin
(Ps 90,10)

> Gelesen um 08:15 Uhr morgens. 15 Minuten vor der Meisterprüfung. Es kann nur gut werden

Eure müden Hände haltet ihm hin.
Eure wankenden Knie
können nicht mehr weiter,
dann ist das der Ort, wo er euch finden wird.
Eure verzagten Herzen lasst schlagen,
bis ihr Klang zu ihm durchdringt.
Gott, so viele Menschen
können einfach nicht mehr.
Komm und segne!
(nach Jesaja 35)
#Advent

Am Ende des Tages,
am Ende der Woche,
am Ende des Kirchenjahres
wartet ein Licht auf uns.
Bleibt behütet!
#Advent

> Danke. Ich sende adventliche Hoffnung zurück

> Mann Mann Mann – und prompt schießt mir das Wasser in die Augen… Ich bin sowas von durch, aber der Gedanke, dass auch die anderen Mutlosen tapfer weitergehen, hilft tatsächlich. Danke!

wenn dieser Advent dich mutlos zurücklässt
wenn die Wochentage dir alles abverlangen
wenn die Stunden
ohne ein gutes Wort verrinnen
wenn du nicht weißt,
wohin mit deiner Sehnsucht
dann sei gesegnet in der Gemeinschaft der
adventlich Mutlosen,
die dennoch weitergehen
#Advent

> Was für ein schöner Segen wieder. Die Gemeinschaft der adventlich Mutlosen die dennoch weitergehen, ich fühle mich gleich besser, so gut klingt das.

> Das kann ich in dieser atemlosen (Advents-)Zeit gut gebrauchen. Danke für diese Zusage!

Gesegnet sei
dein sehnsüchtiges Warten auf Licht
gesegnet sei deine kleine Hoffnung
gesegnet sei dein Zaudern
gesegnet sei dein leises Rufen
ins Ohr der Ewigen
gesegnet sei dein Suchen nach Hinweisen
gesegnet sei dein Weg durch diese Zeit
gesegnet bist du
#Advent

Kürzester Tag des Jahres.
Wintersonnenwende.
Umkehrpunkt.
Es wird heller.
So liegt im Dunkeln verborgen
das Licht bereit für uns.
Hoffnung. Und Zuversicht.
#Advent #Wintersonnenwende

> Ich wiederhole mich gerne: Wunderschön

> Wunderworte. Danke, immer wieder

für dich,
der du gedanklich noch unterwegs bist,
was die nächsten Tage betrifft
für dich,
die du an Mitmenschen
und der Botschaft zweifelst
für dich,
der du dich trotzdem freust
und anderen gerne eine Freude machst
für dich
Segen und das Leuchten des Sterns
#Advent #Weihnachten

> Den #Abendsegen
> würde ich sehr vermissen.

Wenn die Tage gerade
zu dunkel sind und zu kalt,
wenn alle vom Fest reden
und dir so gar nicht nach Feiern ist,
geschweige denn nach all den
Begleiterscheinungen,
wenn du sehnsüchtig
nach Ruhe Ausschau hältst,
sei gesegnet samt deiner Sehnsucht
und behütet heute Nacht.
#Advent #Weihnachten

Dich hat er beim Namen gerufen,
du Mensch seines Wohlgefallens,
und dich möge er segnen heute Nacht
mit Frieden für deine Seele
und behüten
in allem, was kommt.
#Advent #Weihnachten

> Danke für Ihre Abendsegen. Ich finde sie oft erst am nächsten Tag und „verpasse" sie. Aber sie berühren etwas Erstarrte in mir. Dankeschön

für dich, die du heute Abend
müde vor dem Bildschirm sitzt
für dich, der du gerne mehr geschafft hättest,
als dann möglich war
für dich, die du mit mulmigem Gefühl
auf die Weihnachtstage schaust
für dich, der du selten hörst,
wie froh andere sind, dass es dich gibt
#Advent #Weihnachten

> Wunderschön. Danke.
> Immer wieder neu.

> Diesen Abendsegen nehme ich für heute. Heute Abend ist es genau meiner.

für die, die jetzt allein sind
für die, die nicht allein, aber einsam sind
für die, die jemanden
heute besonders vermissen
für die, die stolz sind,
den Tag überstanden zu haben
für die, die dankbar sind, wie's ist
für euch alle weihnachtlichen Segen
#HeiligAbend

> Das trifft es leider heute ganz genau

Segen für gegangenen Wege
Segen für gemeisterte Hürden
Segen für bleibende Narben
Segen für geliebte Menschen
Segen für lachende Gesichter
Segen für geweinte Tränen
Segen für Unfertiges
Segen für dein Jahr 20xx und alle kommenden
Segen, reichlich, für dich
#Silvester

Ein Tag wie viele andere.
Für manche Glück,
für andere Schmerz.
Er vereint in einem:
Alles, worauf es ankommt,
zeigt die Liebe.
Auch zu euch selber.
#Valentinstag

> Wunderschöner Segen,
> der manches in mir berührt -
> lieben Dank!

> Danke, das brauche ich heute, danke.

Gott schaue auf dich.
Er gebe Acht auf dich.
Er behüte dich wie seinen Augapfel.
Er leite dich mit seinen Augen.
Er blicke freundlich auf dich.
Er segne dich sichtbar.
#Oculi

wenn es Nacht wird, halte mich
wenn es in mir finster wird, sei mein Licht
wenn ich mich verliere, fange mich auf
wenn du mich findest, sei mein Trost
#Gründonnerstag

> Segen dir, die du Mut machst. Segen dir, die es täglich schafft, das Wesentliche zu erfassen. Segen dir, die Trost spendet wo sonst Hoffnungslosigkeit sich einen Weg sucht.

Gesegnet seien deine Tränen,
die geweinten und die ungeweinten.
Gesegnet sei dein Gebet,
auch wenn dir die Worte fehlen.
Gesegnet sei deine Nacht,
sie birgt schon den neuen Morgen.
Gesegnet sei dein Leben
und behütet deine Seele.
#Karfreitag

> Woher weißt du, was
> man gerade braucht?
> Danke, immer wieder.

> Danke uns allen miteinander eine gute Nacht, schlaft gut

💬

Gesegnet sei dein Atem –
einst von Gott eingehaucht,
gesegnet sei dein Herz –
es pumpt gerade Hoffnung durch deine Adern,
gesegnet sei dein Denken –
lass es staunen über das Wunder:
Gott hat dich in seine Hand gezeichnet,
und der Tod hat keinen Radierer mehr.
#Ostern

Für alle, denen der Osterjubel weit weg ist:
Auch der Auferstandene trägt Wundmale.
Sie konnten die Kraft
zum Leben aber nicht aufhalten.
Er trägt die Wundmale.
Und uns.
#Ostermontag

> Danke für die Abendsegen! Geben mir Halt und Kraft! Treffen oft mitten ins Herz! Danke!

> Ich bin nicht gläubig.
> Aber Dankeschön.

Segen für alle,
denen der morgige Tag jedes Jahr
wieder weh tut.
Weil es sich für sie nicht ergeben hat,
Mutter zu werden.
Weil sie ihr Glück verloren haben,
bevor es soweit war.
Weil ihre eigene Mutter mit schmerzlichen
Erinnerungen verbunden ist
oder sie sie vermissen.
#Muttertag

> Genau ins Herz. Tut so weh
> und ist doch auch so schön.
> Danke für deine Worte.

Für alle, die keinen Vater mehr haben
Für alle, die ihn nie kannten
Für alle, deren Erinnerungen schmerzen
Für alle, die selber Vater sind
Für alle, die ihren Vater pflegen
oder gerade Abschied nehmen
Für alle, deren himmlischer Vater
mütterliche Züge trägt
#Vatertag

Segen für alle, die morgen zur Schule gehen
für alle, die Neues beginnen
für alle, die nicht schlafen können
vor Aufregung
für alle, denen bange ist
und die den Kloß im Hals spüren
Ihr seid wunderbar!
Mut und Kraft wachse euch zu
Gott segne euch und behüte euch
#Schulanfang

> Aber sowas von!!!

💬

für die, denen der Abschied
vom Sommer schwerfällt
für die, denen vor der
dunklen Jahreszeit bange ist
für die, denen jemand fehlt
für die, die einen Lichtblick brauchen
für euch Segen und eine behütete Nacht
#Sommerende

> Ihre Worte fühlen sich jedesmal wie eine innige Umarmung an. Vielen Dank dafür!

> Danke, das tut gut

Segen denen, die dich begleitet haben
und heute nicht mehr da sind.
Segen denen, die dich geprägt haben
mit Lebensmut und -freude.
Segen denen, die dir Liebe geschenkt haben,
ohne etwas dafür zu erwarten.
Segen denen, die das lesen
und sich erinnern lassen.
Segen dir.
#Ewigkeitssonntag

> Kann ich grad gebrauchen

für euch, die ihr am Ende
dieser Woche angekommen seid
und das Gefühl habt,
dass Kraft von zwei Wochen
aufgebraucht wurde,
für euch, die ihr kämpft und rudert
und den Eindruck habt,
die Menschen um euch kümmert das null,
Segen und Liebe zu euch,
ihr seid nicht allein!

Sei gesegnet – die Woche hat dir viel abverlangt.
Manches ist für andere nicht sichtbar.
Für den im Himmel schon.
Sei gesegnet – die Nacht möge dir Ruhe bringen.
Dass Nerviges ruhig wird
und Schönes seinen Wert bekommt.
#Wochenende

> Schön, das zu lesen neben meinem kleinen Sohn liegend, der gerade eingeschlafen ist.

Für die, die einen schönen Sonntag hatten.
Für die, denen das Genießen schwerfällt.
Für die, die allein sind.
Für die, die nicht allein, aber einsam sind.
Für die, die Gott vertrauen.
Für die, denen solches Vertrauen fremd ist.
Für die, die Segen brauchen.
#Sonntag

> Ist auch morgens schön!
> Habt einen gesegneten Tag

> Paßt heute wieder besonders!

Sei gesegnet, wenn der Montag typisch war.
Sei gesegnet, wenn dir noch was nachhängt.
Sei gesegnet, wenn dir der Kopf brummt und sich doch so leer anfühlt.
Sei gesegnet, wenn dein Herz auf Reisen geht und gar nicht mehr heim will.
Dir jetzt eine gute und behütete Nacht!
#Montag

#erschöpft

Ausgeschüttet wie Wasser

(Ps 22,15)

> Heute wieder mal so, als hättest du es für mich geschrieben.

Ausgeschüttet wie Wasser aus einem Krug,
so fühle ich mich.
Und jetzt komme ich zu dir, Gott,
und lege diesen Tag
mit all seinen Mühen
und Fallstricken vor dir ab.
Wandle du in Segen,
was war und was kommen wird.
Gib Frieden ins Herz
und Fülle in meine Seele.
(nach Psalm 22)

Segen für dich, der du nicht stark bist.
Segen für dich und deine Tränen.
Segen für dich, die du an dir zweifelst.
Segen für dich und deine Fragen.
Segen zur Nacht
und einen Engel, der wacht.

> Nur damit du weißt, was deine Tweets bewirken können: als ich diesen las, bin ich unmittelbar in Tränen ausgebrochen. Ich fühle mich gesehen.

Segen für deinen Körper,
dass er zur Ruhe kommt.
Segen für deinen Geist,
dass das Karussell stoppt.
Segen für deine Seele,
dass du Frieden spürst.
Segen für dich heute Nacht,
weil die Ewige über dir wacht.

> Ich sage mir oft: „So, du blödes Karussell, jetzt ist Schluss mit dem Betrieb. Keiner mehr da, der mit dir fahren will." Die bildliche Vorstellung hilft mir.

> Er war da und hat mich behütet

Segen dir, die du dich durchkämpfst.
Segen dir, der du sagst: Ich kann nicht mehr.
Segen dir, die du dir helfen lässt.
Segen dir, der du für dich
und die Deinen sorgst.
Segen dir, die du für dich sorgen lässt.
Segen von Gott, der dich heute Nacht behüte.

Sei du gesegnet, deren Hände leer sind.
Sei du gesegnet, dessen Kopf schmerzt.
Sei du gesegnet, deren Akku leer ist.
Sei du gesegnet, dem die Worte fehlen.
Sei gesegnet am Ende des Tages
an Leib und Seele.

> Das ist ein ganz wunderbarer Abendsegen.

> Danke! Ich nehme diesen Abendsegen mit in diesen Tag!

Euch allen,
die ihr müde seid von eurem Alltag,
erschöpft vom Funktionieren,
euch zusammenreißt,
aus welchen Gründen auch immer,
euch allen eine behütete Nacht
und einen Engel,
der euch Frieden bringt.

> Genau das, was heute für einen Patienten nötig ist. Danke

für dich,
wenn du heute
an deine Grenzen gekommen bist
für dich, wenn dein Leben aus den Fugen gerät
für dich, wenn du nach Halt suchst
für dich, wenn deine Zeit
zwischen den Fingern zerrinnt
für dich, wenn du jetzt gerne woanders wärst
für dich Segen, Trost und Halt

Wenn die Welt dich überfordert,
wenn das Leben ums Überleben kämpft,
wenn die Nacht zu dunkel wird,
wenn deine Gedanken kreisen
und du schlaflos bleibst,
dann ist das für dich:
Sei umarmt und gehalten,
aus der Ferne getröstet
und von Gott gesegnet.

> Es ist Zeit für meinen Lieblings-Tweet des Tages. Danke

Wenn der Tag schwer war
und die Welt unheilbar wirkt,
sei eingehüllt in Segen
wie in eine warme Decke,
die dich schützt und hält
durch die ganze Nacht hindurch.

> Es passt einfach. Ich glaube nicht an Gott, aber ich lese den Segen sehr gern. Danke dafür.

> gnädig mit mir selber
> – Oh das ist so oft so
> schwer. Danke

Sei behütet, wenn der Sturm
durch dein Leben tobt.
Dass du zur Ruhe kommst
und der Schlaf dich findet.
Die Nacht decke dich gnädig zu, damit du
gnädig mit dir selber bist.
Segen für dich und deine Lieben.

Für die, die für andere stark sein müssen.
Für die, die nur heimlich weinen.
Für die, die Angst um ihre Lieben haben.
Für die, die zu wenig Schlaf bekommen.
Für die, die Rücksicht nehmen.
Für die, die immer leiser werden.
Für die, die jetzt Segen brauchen.

> Meine Mama hat kein Twitter, aber ich schicke ihr den Segen jeden Abend per Screenshot und sie freut sich sehr. Danke.

> danke, bin nicht so gut drauf

Vieles liegt so nah beieinander:
Tränen und Trost,
Wut und Lichtblick,
Ohnmacht und Gestaltungsräume.
Sei behütet in allem, was gerade möglich ist.
Und erst recht in dem,
was im Moment nicht geht,
wo du deine Grenzen spürst,
wo die Situation zum Schreien ist.
Segen für dich!

🗨️

Segen zu dir: du hast heute getan,
was möglich war.
Segen zu dir: du traust dich,
zu deinen Grenzen zu stehen.
Segen zur Nacht,
dass du Kraft schöpfen kannst.

> So schön jeden Abend.
> Immer anders, aber
> jedes Mal so warme
> Worte und liebevolle
> Gedanken. Auch das
> kann Twitter geben.

> Wunderschön, danke, tröstlich.

Für die, die mit diesem Tag heute Mühe haben.
Für die, denen manches versagt blieb.
Für die, die lautlos trauern.
Für die, denen Erwartungen
zu schaffen machen.
Für die, die sich überfordert fühlen.
Für die, die unglücklich sind.
Für die, die einen Segen brauchen.

> Kam jetzt so passend… Danke

angenommen,
der Tag war kein guter
angenommen,
Geduld und Kraft sind versiegt
angenommen,
ich rudere bloß noch umher
angenommen,
ich bringe dir, Gott, diesen ganzen Mist,
weil ich nicht weiß, wohin sonst
angenommen,
ich steh vor dir –
angenommen,
das tut unendlich gut

#krank

Heile mich

(Psalm 6,3)

> Danke - es ist gerade alles etwas viel ...

Wenn du krank bist,
soll dich meine Fürbitte tragen.
Wenn du traurig bist,
soll dieser Segen dich umarmen.
Wenn du dich verloren fühlst,
sollen dich diese Zeilen finden.
Wenn du dich schlafen legst,
möge der Himmel dich behüten.

für alle, die heute Abend seufzen
für alle, die in Konflikten den Kürzeren ziehen
für alle, die so vieles nicht verstehen
für alle, die viel drum gäben, gesund zu sein
für alle, die für uns forschen
für alle, die für andere laut sind
für alle, die Segen brauchen

> auch heute wieder so passend. Es ist so schön einmal am Tag bedacht, gesegnet zu werden. Deine Worte fallen jeden Abend tief in mein Herz.

Wenn der Kopf schmerzt
und die Augen vom Fieber brennen,
nimm meine Nicht-Worte an.
Gib deinen Segen
wie sanften Windhauch über uns.
Und Verstand den Uneinsichtigen.
#Corona

Danke für diese tägliche
Umarmung Gottes!

> Danke! Von einer kranken Mama mit kranker Familie.

Für alle, die krank sind,
die sich kraftlos fühlen.
Für alle, die jemanden pflegen,
die nicht nach Wochenende fragen,
weil jemand sie braucht.
Für alle, die die Nacht fürchten
und das Morgen auch.
Für alle, denen jemand fehlt.

🗨

Lege deinen Segen auf die Erschöpften.
Gib den Kindern Träume vom Sommer.
Decke die Kranken
mit deinem Sternenhimmel zu.
Behüte die ohne Schutz.
Bleibe bei uns in dieser Nacht.

> Erneut eine wunderbare Formulierung. Ich mag das sehr. Und es bedeutet mir etwas. Danke.

> Danke, das passt heute Abend ziemlich gut

Segen allen, die müde sind,
es gibt viele Gründe dafür.
Segen allen, die krank sind,
viele haben länger durchgehalten
als ihnen guttut.
Segen allen, die eine Wunde
in ihrer Seele tragen,
weil ihnen jemand entrissen wurde,
und es schmerzt so sehr.
Segen dir.

Für die, deren kleine Welt gerade wankt.
Für die, denen trotz der Wärme kalt ist.
Für die, die mit einer Diagnose hadern.
Für die, die mehr
als nur den eigenen Schmerz fühlen.
Für die, die in dieser Nacht Halt brauchen.
Für die, die jetzt Segen brauchen.

> Danke....Ich tauche in deine Wörter ein

> Danke, Ihr Segen hilft mir Tag für Tag.

Für die, die krank sind,
die keine Luft bekommen,
deren Lunge brennt,
deren Dasein ganz eng wird.
Für die, die jene pflegen,
sich um sie kümmern,
Tag und Nacht, sich sorgen, mitweinen,
an ihre Grenzen gehen und darüber.
Für die in Angst um ihre Lieben.
Für uns alle.
#Corona

Ich brauche deine Zusage,
Gott, dass du die Kranken
ganz nah an deinem Herzen geborgen sein lässt.
Ohne das will ich nicht in diese Nacht gehen.
Segne und behüte alle, die deine Nähe jetzt
besonders brauchen.

> Der Segen passt heute so unglaublich gut auf mich. Danke

> Danke für Deinen Segen und die Hoffnung, die dieser ausstrahlt.

Schwermut lähmt. Dunkel macht sich breit.
Dicker Nebel liegt über der Seele.
Auch wenn ich nicht weiß, ob und wie gute
Gedanken bei dir ankommen,
soll dich Fürbitte begleiten. Und nicht nur ich.
Wir sind viele: Für euch wollen wir mithoffen,
für euch auf Licht vertrauen.

Für die, die alles schmerzt,
die mit sich fertig sind,
deren letzter Krümel Hoffnung
sich verdrückt,
die zurückbleiben
und keine Ahnung haben wofür.
Für euch.

> Religion hin oder her, der Segen trifft gerade ins Schwarze und hat mich zum Weinen gebracht. Danke

> Ihre abendlichen Segnungen geben mir viel!

Der heutige Abendsegen
ist all denen gewidmet,
die eine Diagnose bekommen haben,
die ihnen Angst macht.
Gott, sei behutsam. Da ist etwas zerbrochen.
Es schmerzt. Und macht ratlos.
Sei du ihr Arzt, der das Zerbrochene
in die Hände nimmt
und auch kleine Teile liebevoll birgt.

#Gewalt

Lass mich Rettung finden
(Psalm 69,15)

> Danke. Den bekommt heute meine große Tochter geschickt. Sie hat ihn nötig und er passt so toll

Gesegnet sei eure Hilflosigkeit,
sie macht euch menschlich.
Gesegnet sei eure Wut,
sie nimmt nicht einfach hin.
Gesegnet seien eure Tränen,
sie zeigen eure Liebe.
Gesegnet sei euer Gebet,
es verbindet über alle Grenzen.
Gesegnet sei euer Schlaf, ihr braucht ihn.

Im Dunkel unsrer Nacht
tasten wir nach Worten.
Und bitten für die Menschen in Angst:
Segne und behüte, bewahre und tröste.

> Ich möchte einmal danke sagen, für den bewegenden Segen, den ich hier jeden Abend erhalte. Ich fühle mich manchmal solchen Texten gegenüber abgestumpft, weil sie oft wie aus einem Hochglanz Lebensberaterheftlein klingen. Hier ergreifen sie mich und gehen tief in mein Herz. Danke

> Bitte ein kleines
> Segens-Buch machen

Wie im Sog hängen wir am Bildschirm,
nehmen die Nachrichten auf.
Mit ein wenig Abstand realisieren wir,
was das alles mit uns macht.
Sei gesegnet, du darfst Angst haben.
Sei gesegnet, du darfst dich ausgeliefert fühlen.
Sei gesegnet mit Kraft
für diese Tage und Stunden.
#prayforukraine

Unruhig, aber müde.
Sehnsüchtig nach Schönem.
Zweifelnd und fragend.
In dieser Nacht bitte ich um Segen
für Menschen, die um ihr Leben bangen
oder das ihrer Lieben.
Segen für die, die für andere wachen.
Segen für die, die für uns alle beten.

> Ihre Worte jeden Abend machen mir Mut und sprechen aus meiner Seele.

> Ich danke dir von ganzem Herzen für deine Zeilen voller Liebe und Hoffnung jeden Abend

Sei behütet.
Du bist nicht allein,
wenn du dich ohnmächtig fühlst.
Sei behütet.
Viele empfinden diese Tage als schwierig.
Lass uns zusammenstehen.
Und um Schutz und Segen bitten.
Für die Menschen in unserer Nähe
und in der Ferne.
Und besonders für die Kinder.

Segen trotz allem.
Und bewahrt in allem.
Eins noch, Gott:
Gerechtigkeit für die Opfer.

> Danke dafür. Wie jeden Abend triffst du mit deinen Worten mitten in meine Gedanken.

Wenn der Tag in die Nacht übergeht,
segne alle, die diese
Stunden in Angst verbringen,
die aus ihrem Zuhause fliehen.
Segne, die sich zum Helfen aufmachen,
die nicht bereit sind,
im anderen den Feind zu sehen.
Behüte die Kinder nah und fern.

> wir kennen uns zwar nicht,
> aber Deine Worte treffen
> mich immer mitten ins Herz.
> Vielen Dank dafür.

> Danke. Auf den Punkt.

Wenn du nicht weißt,
ob morgen die Welt noch steht,
ob deine Träume weiter blühen dürfen,
ob die Luft den Duft des Frühlings
zu dir tragen wird,
ob die Menschen bereit werden,
das Leben zu schätzen,
und du im Dunkel der Nacht
nach Hoffnung tastest,
sei gesegnet mit Fülle.

> Vielen Dank für diesen Segen. Heute trifft er wieder mal genau „ins Schwarze". Und macht mir wieder ein bisschen Mut.

💬

Friede für euch
Friede denen, die die Bilder
nicht mehr ertragen
Friede denen, die beten,
auch wenn sie zweifeln
Friede denen,
deren Job ehrliche Nachrichten sind
Friede denen,
die im anderen den Menschen sehen
Friede für eure Seele
und Segen für die Nacht

Du musst ein Sammler sein, Gott.
Unsre Tränen heute,
hast du sie wirklich gezählt?
Unsre Fragen zu dem, was geschehen ist,
wirst du sie den Familien beantworten?
Unsre Schreie, hörst du sie,
auch wenn sie in uns gellen?
Du musst ein Sammler sein und vergisst keinen.
#Anschlag #Amoklauf

Danke! Amen.

> Danke! Das habe ich gerade sehr gebraucht.

Segen, dass wir uns nie an Gewalt gewöhnen
Segen, dass der Friede in uns beginnt
Segen, dass Kinderseelen heilen können
Segen, dass Tränen getrocknet werden
Segen für dich und mich, dass wir uns als
Geschwister erkennen
Segen für diese Nacht

,,

Gib uns deinen Frieden,
Frieden für Seele und Leib,
Frieden in den Herzen und Köpfen,
Frieden an Grenzen und in Städten,
Frieden in den Häusern und
unter deinem Himmel.

> Danke Der kommt direkt aus dem Himmel!!! Wunderschön.

Danke, so wichtig!
Gott erhöre uns! Amen.

Bilder und Nachrichten,
die von grenzenloser Verzweiflung erzählen,
sie füllen meinen Tag.
Jetzt kann ich nicht anders
und halte sie dem im Himmel hin:
Hörst du die Schreie?
Siehst du die Tränen,
die keiner trocknet?
Es muss dich doch auch zerreißen!
Erbarm dich.

für die, die viel mutiger sind als ich
für die, die sich nichts mehr vorschreiben lassen
für die, die jeden Tag ihr Leben riskieren
für die, die umgebracht wurden
für die, die ihre Liebste verloren haben
für die, die weiterkämpfen
für euch alle Liebe
#IranianWomen

> So soll es sein.
> Gute Nacht

für die, die heute trauern
für die, die Gewalt erfahren
für die, die Angst haben
für die, denen ihre Rechte abgesprochen werden
für die, die dagegen aufstehen und laut werden
für euch, die ihr liebt
#Transfeindlichkeittötet

Danke für den Segen

> Deine Worte tun gut, während ich hier erschöpft sitze.

Für die Menschen, die nicht mehr leben.
Für die, denen jemand seit damals fehlt.
Für die, die alles verloren haben.
Für die, die die Bilder nie vergessen werden.
Für die, die halfen.
Für die, die heute da sind für andere.
Für die, die etwas ändern.
Für die, denen niemand sagen kann, warum.
Für euch.
#Ahrtal

#Zweifel

Meine Seele dürstet
nach dem lebendigen Gott
(Psalm 42,3)

> Genau das heute. Aus tiefstem Herzen Danke.

💬

Dein ist der Tag, dein ist die Nacht.
Es kann dir nicht egal sein, Gott,
was Menschen erleiden.
Dein sind wir jetzt und in dieser Nacht.
Schau auf die, die mutig sind
und auf die, die ihren Mut verloren haben.
Dein sind wir am Morgen
und am Abend des Lebens.
Sei da, sei nah.

Sei gesegnet, auch dort,
wo du dich nicht daheim fühlst.
Sei gesegnet, gerade dort,
wo man dir übel mitspielt.
Sei gesegnet, wo dein Herz schneller pocht.
Sei gesegnet, dass du nichts beweisen musst.
Sei gesegnet, und mit dir die Nacht.
Sei gesegnet und bleib behütet.

> Genau das alles! Danke

Segen für die, die's friert,
die mit Gott hadern,
deren Gedanken sich im Kreis drehen,
deren Kraft erschöpft ist,
die in Angst sind.
Segen für dich.
So nah wie deine wärmste Decke
in kalter Nacht.

> Ich weiß nicht warum, aber dein Segen trägt gerade über das Hadern mit Gott hinaus. Danke.

> Danke für den Segen! Amen.

Dass wir die Schutzlosen nicht vergessen,
die der Willkür ausgeliefert sind,
die Wehrlosen,
deren Mund schweigt
während die Augen schreien,
die Kinder, die sich schuldig fühlen,
weil Erwachsene es ihnen einreden,
dass wir sie nicht vergessen,
das möge zum Segen werden.

> Danke von Herzen, vorsichtig lächelnd, ausatmend, erschöpft, sehr verzagt, liebevoll grüßend

Gott segne dich und deinen Moment jetzt,
deine Fragezeichen und dein Warten,
dein Ruhesuchen, dein kleines Glück,
das auch da ist,
dein Atmen und deinen Bauch,
der sich hebt und senkt,
deine Hand, die sich liebevoll auf ihn legt.
So lege Gott Segen auf dich.

Manche Tage lassen einen ratlos zurück.
Wohin sind wir unterwegs?
Welche Welt geben wir an unsre Kinder weiter?
Gott, ich trage viele Fragen in mir.
Ich bringe sie dir.
Meine Angst lege ich dazu.
Was bin ich froh, dass du dir alles anhörst.
Gib uns deinen Frieden!

> Es scheint, als hättest Du diesen Abendsegen speziell für mich gesprochen.

> Treffender könnte es nicht sein.

Segen zu dir, der du mehr zweifelst als glaubst.
Segen zu dir, dessen Herz öfter bangt als hofft.
Segen zu dir, die du manche Menschen
nicht lieben kannst.
Sei behütet, deine Seele finde Schutz
und dein Leib komme zur Ruhe.

Segen für dich
Du gibst täglich, was du geben kannst.
Manchmal auch mehr. Vielleicht zu oft.
Du versuchst, das Gute in allem zu sehen.
Manchmal fällt das schwer. Weil es nur Mist ist.
Segen für dich, überreichlich
und ohne Wenn und Aber.
Sei behütet!

> Danke! Das habe ich gerade sehr gebraucht.

Lege deinen Segen auf die Jugendlichen,
die keinen Halt finden in diesen Wochen.
Behüte die Leisen, die wir überhören
und die im Stillen leiden.
Gib Licht in ihre Dunkelheit, wo wir keinen
Zugang finden.
Gott, es wird Zeit!
#Corona

> Danke schön. Heute brauchten viele Menschen Trost und Segen.

> Danke. Gut's Nächtle.

Wenn der Tag in die Nacht übergeht,
finden nicht alle zur Ruhe.
Manche fürchten die Stunden,
die vor ihnen liegen,
manche wissen nicht,
wie sie sie überstehen sollen.
Segne, behüte und bewahre,
schick deinen Engel, der die Furcht in die Schranken weist.

> Hach, danke!

Sorgt nicht. Sagt Jesus.
Du kannst deinem Leben
keine einzige Stunde hinzufügen,
indem du dich sorgst.
Es ist umsonst, dass du schlaflos bleibst.
So, Jesus, und jetzt zeig denen,
die nicht ein noch aus wissen,
wie sie diese Nacht überstehen sollen
und wo sie Halt finden.

,,

Hör du zwischen den Zeilen,
birg bei dir das Zerbrechliche,
achte auf die, die sich gerade verlieren,
bestärke die Mutigen zur Veränderung
und liebe uns nach Hause.

> Danke genau so fühle ich mich heute.

> Immer wieder danke für den Segen

Der verborgene Gott.
Dunkel.
Fern.
Aber manchmal bei uns,
ohne dass wir ihn wahrnehmen.
Vielleicht ist das Gottes Trotzdem?
Und wir: Begleitet im Verborgenen.

Manchmal ist Glaube stumm.
Manchmal ein Ringen.
Und ein Vertrauen,
dass das genügt.
Manchmal sind das
die besten Momente.

Einfach nur danke!

Dein ist der Tag, dein ist die Nacht.
Dein bin ich, auch wenn mich nervt,
dass du schweigst und verborgen bist.
Dein ist das Licht und die Dunkelheit.
Dein bleib ich,
auch wenn du mir manchmal
den Buckel runterrutschen kannst,
weil du ... ach, egal.
Ich weiß, bei wem ich zuhause bin.

Was für ein Geschenk jeden
Abend. Vielen Dank!

#Trost

Schweige nicht zu meinen Tränen
(Psalm 39,13)

…immer so tröstlich und er läutet mir den ruhigen Abend ein.

Wenn der Tag in die Nacht übergeht,
lege ich ab Sorge und Frust
Angst und Fragen.
Es gelingt mir nicht wirklich,
aber der Gedanke befreit mich.
Und macht in mir Raum
für deinen Frieden.

wenn der Tag schwer war
wenn die Nachrichten nicht zu ertragen sind
wenn du nicht weißt, wo dir der Kopf steht
wenn dein Herz schreien will
sei gesegnet mit Stille, innen wie außen
sei umarmt mit Segen, der dich durch diese
Nacht begleitet

> ...es ist so schön, den
> Abendsegen zu lesen.

> Danke....Ich tauche in deine Wörter ein

wenn's dir zu dunkel ist und zu kalt
wenn du dich müde und ausgelaugt fühlst
wenn der Zusammenhalt verloren und die
Zuversicht flöten ging
wenn dein Alltag zu viel
und der Schlaf zu wenig ist
dann umarme dich jetzt der Segen
er stärke dich und gebe dir inneren Frieden

für euch, die ihr was Wärmendes braucht
für euch, die ihr gern ein dickes Fell hättet
für euch, die ihr das Zarte in dieser Welt seid
für euch, ohne die was Besonderes fehlte
für euch, die ihr zu viel runterschluckt
für euch, denen schon lange
nicht mehr gedankt wurde

> Gerade heute fühle ich
> mich durch Deine Worte
> gehalten und getröstet

> Wie passend, herzlichen Dank!

für die, die sich gerade
besonders verletzlich fühlen
für die, deren Narben schmerzen
für die, denen manches
mehr Mühe macht als sonst
für die, die auf einen
Hoffnungsschimmer warten
für euch alle Segen,
der mehr enthält als diese Worte

Der Tag wird müde.
Die Nacht bringt Stille.
Aber du bist unruhig.
Gott segne dein klopfendes Herz.
Und halte ihre Hand schützend über dir,
dass der Schlaf dich findet.
Segen für dich
und für die nah an deinem Herzen.

> Auch für Dich eine gesegnete und behütete Nacht.

> kann jetzt eine Extra-
> portion Segen brauchen

für dich
für wen sonst
Segen jetzt genau in dem Moment
in dem du ihn brauchst
wie ein wärmender Mantel
vielleicht ein bisschen zu groß
reichlich eben
damit du noch reinwachsen kannst
in den Segen
für dich

Wenn der Tag in die Nacht übergeht,
lege sich Frieden auf deine Seele,
sie hat viel aushalten müssen heute.

> Ich glaube, das Schönste an deinem Abendsegen ist es oft, zu spüren und zu sehen, dass man damit nicht allein ist.

für euch, die ihr jemanden vermisst
für euch, die ihr nie fertig seid
mit eurer Sehnsucht
für euch, die ihr den Himmel jede Nacht befragt
für euch, die ihr euch der Tränen nicht schämt
für euch und immer wieder für euch
Segen

> Das sagst du nur für mich, fur mich weil es so gut passt. Danke

> Auch Dich möge
> Segen zudecken,
> wärmen und halten.

In deinen Schutz,
Gott,
nimm die Müden
und Schlaflosen,
die Liebenden,
die Verheulten.
Uns alle.

> Balsam auf meine Seele.

Du Trostkraft,
gib am Abend Raum,
wo wir einfach da sein dürfen.
Sei Schutzort, wo wir verletzlich sind.
Vergib allen Kleingeist.
Weite, was uns eng wird.
Segne unsre Lieben.
Gib Hilfe den Kranken
und Heimat den Sterbenden.

Für die, deren Boden gerade wankt.
Für die, denen kalt ist.
Für die, die hadern.
Für die ohne Halt.
Für die, die jetzt Segen brauchen.

> Kann ich heute wirklich gut gebrauchen und teile ich auch gerne.

> Einmal mehr ... danke!

In deinen Schutz nimm, Gott,
die Müden und Schlaflosen,
die Ungeduldigen und Nörgler,
die Treuen und Liebenden,
die Einsamen und Verlassenen,
die Kleinen und Zerbrechlichen,
die Verheulten und Verquollenen,
die Schmerzen haben,
die Sterbenden,
die Nachbarn
und mich.

Schick deinen Engel zur Nacht.
Behüte die Kranken
und die Kinder
und die Weinenden.
Segne die Liebenden
und alle, die sehnsüchtig sind
nach Frieden für diese Welt
und ihr kleines Leben.

Sehr schöne, gütige Worte.

> Das Goodie vorm Schlafengehen.

Wenn der Tag in die Dunkelheit schlüpft,
komme Segen über dich für die Nacht:
Nichts soll dich ängstigen,
nichts deine Seele verletzen.
Die Stille gebe dir, was du brauchst.
Friede lege sich über unruhige Gedanken
und das Wissen, dass einer auf dich achtet.

Behüte, wo die Nacht zu lange dunkel bleibt.
Tröste, wo Tränen von Liebe erzählen.
Halt mit aus, wo keine Lösung in Sicht ist.
Gib uns Frieden.

Danke und gute Nacht

Wenn es Nacht wird,
leg deinen Segen auf die,
für die's ein langer Tag war.
Leg deinen Segen auf die,
die aufgewühlt sind, weil's Kummer gab.
Leg deinen Segen auf die,
die Angst vor Morgen haben,
ein Termin, eine Diagnose, das Leben.
Eine behütete Nacht!

> so schön und beruhigend

> Vielen Dank, es holt mich heute wieder auf dem Punkt ab!

Sehnsuchtsbitte:
Lass niemanden trostlos einschlafen.
Ein Gedanke, ein Bild,
eine Strophe, ein paar Takte,
du hast Mittel, die ich nicht kenne.
Getrost werden.
Das wünsche ich mir für uns alle.
Für diese Nacht.
Dann sehen wir weiter.

> Vielen lieben Dank.
> Einen solchen Engel
> könnte ich gut brauchen.

Engel der Nacht,
setz dich zu mir
schenk mir dein Ohr
halt meine Klage mit aus
meinen müden Kopf
lass mich auf deinen Schoß legen
mein unruhiges Herz berühre sanft
meine Nacht begleite
verjage die Ängste
tröste die Kranken im Haus
und gib uns Segen aus dem Himmel

Zu müde.
Vertraue darauf,
dass du auch hörst,
wofür ich keine Worte finde.
Segne und behüte.
Du weißt schon. Und überhaupt.
Danke, dass du diese verrückte Zeit mitträgst.

> tut gut, lieben Dank

> Segen für alle, die still leiden,
> die nicht laut protestieren,
> deren Not wir nicht sehen,
> die abmagern und keine nimmt's wahr,
> die vereinsamen und keiner kennt die Neuzugezogenen,
> die tagelang niemanden sprechen.
> Ich lege meine Angst um sie in diesen Segen.

Danke für die schönen Segensworte.
Es passt wie so oft und beruhigt mich

Gute Nacht

Für die, die sich
in diesen Tagen verletzlicher fühlen.
Für die, die heute Trauer verspürt haben,
die längst vergessen schien.
Für die, denen ihr Alleinsein
gerade jetzt Mühe macht.
Eure Namen hat Gott in seine Hand gezeichnet.
Segen für euch.

Weil Segen weiterreicht

Ein paar für mich und dieses Projekt ganz besonderen Menschen möchte ich hiermit danken:

Birgit Mattausch, die wundervolle Kollegin, Motivatorin und Inspirateuse.

Anna Böck, die für mich beste Lektorin beim ersten Buchprojekt, Fachfrau und zugleich Kollegin im Verlag.

Meine Familie, die mich am Abend verständnisvoll in Ruhe ließ, wenn ich am Formulieren war, mir den nötigen Rückhalt gab und sich immer wieder mit mir freute.

Kolleg*innen im Digitalen und Analogen, die meine digitale Arbeit wahrnahmen und mir Feedback gaben.

Leser*innen, die mir ihr Vertrauen schenkten und von sich erzählten.

Senior*innen, die sich extra für den Abendsegen einen Internet-Zugang zulegten – ihr bleibt mir Vorbild!

Und all die Unbekannten, die mit durch die Höhen und Tiefen der letzten drei Jahre gegangen sind.

Segen kommt nicht aus uns. Wir geben ihn nur weiter. Anfang, Ziel und Mitte liegen bei Gott. Deshalb danke ich der Ewigen für jedes Wort, das von ihrer Liebe erzählt.

Bibeltext teilweise gekürzt entnommen aus der Schlachter
Copyright © 2000 Genfer Bibelgesellschaft
Wiedergegeben mit freundlicher Genehmigung.
Alle Rechte vorbehalten.

Bibliografische Information der Deutschen Nationalbibliothek:
Die Deutsche Nationalbibliothek verzeichnet diese Publikation in
der Deutschen Nationalbibliografie; detaillierte bibliografische
Daten sind im Internet über http://dnb.d-nb.de abrufbar.

© 2023 Neukirchener Verlagsgesellschaft mbH,
Neukirchen-Vluyn
Alle Rechte vorbehalten
Gesamtgestaltung: Grafikbüro Sonnhüter
Verwendete Bilder: DaisyArtDecor, Ka Han (shutterstock)
Lektorat: Anna Böck
Verwendete Schrift: Parka, Minion
Gesamtherstellung: Drukarnia Dimograf Sp. z o.o., Bielsko-Biała
Printed in Poland
ISBN 978-3-7615-6927-6

www.neukirchener-verlage.de